交通运输部公路科学研究院
公路养护技术国家工程研究中心
中公高科养护科技股份有限公司

# G108和G205国道
# 改造示范工程图册

人民交通出版社股份有限公司
China Communications Press Co.,Ltd.

## 内 容 提 要

本图册简要介绍了 G108 和 G205 国道改造示范工程的背景及概况，重点利用大量图片从路线、路基、路面、桥隧、交通安全设施、管理设施、服务设施、路域环境方面展示了示范工程的改造效果，并体现了改造过程中探索的新理念、新技术等。

本图册适合从事公路工程设计、施工、管养工作的人员参考使用。


书　　名：G108和G205国道改造示范工程图册

著 作 者：交通运输部公路科学研究院
公路养护技术国家工程研究中心
中公高科养护科技股份有限公司

责任编辑：周　宇　韩　帅

排　　版：北京楚泰文化传播有限公司

出版发行：人民交通出版社股份有限公司

地　　址：（100011）北京市朝阳区安定门外外馆斜街3号

网　　址：http：//www.ccpress.com.cn

销售电话：（010）59757973

总 经 销：人民交通出版社股份有限公司发行部

经　　销：各地新华书店

印　　刷：北京盛通印刷股份有限公司

开　　本：880×1230　1/16

印　　张：7.25

版　　次　2016年6月　第1版

印　　次：2016年6月　第1次印刷

书　　号：ISBN 978－7－114－13030－4

定　　价：68.00元





### 图书在版编目（CIP）数据

G108和G205国道改造示范工程图册 / 交通运输部公路科学研究院，公路养护技术国家工程研究中心，中公高科养护科技股份有限公司组织编写. -- 北京：人民交通出版社股份有限公司，2016.6

ISBN 978-7-114-13030-4

Ⅰ. ①G… Ⅱ. ①交… ②公… ③中… Ⅲ. ①国道－旧路改造－中国－图集 Ⅳ. ①U418.8-64

中国版本图书馆CIP数据核字（2016）第112758号

## 《G108 和 G205 国道改造示范工程图册》编委会

**主　　编：** 王松根

**参编人员：** 王松根　赵延东　刘会学　刘振清　弋晓明　林　翔

刘伟亮　周玉波　朱定勤　张新海　叶恒鑫　吴　斌

于永刚　李爱军　黄胜军　徐建东　朱　钰　刘晓明

郗彦龙　李宏杰　张育斌　李　林

# 前言 PREFACE

“十二五”期间，交通运输部组织在全国开展了普通干线公路改造工作，将 G108 和 G205 国道作为示范工程试点，通过总结管理经验和技术成果，指导全国普通干线公路网改造。

G108 国道起于北京市门头沟区，经河北省、山西省、陕西省、四川省，至云南省昆明市，路线全长 3 272km；G205 国道起于河北省秦皇岛市山海关区，经天津市、山东省、江苏省、安徽省、浙江省、福建省，至广东省深圳市，路线全长 2 904 km。

G108 和 G205 国道改造示范工程由交通运输部公路科学研究院提供技术支持。经过大量调研及论证，针对两条路线存在的具有典型代表性的问题，在交通运输部公路局的指导下，提出了以“畅、安、舒、美”为主题的“一个中心、三个推进、五个提高”的改造内容，即以构建“畅、安、舒、美”的公路交通环境为中心，推进决策科学化、技术进步和管理规范化，提高公路通行能力、路况水平、安全水平、出行服务水平和公路文明水平。

在两条国道沿线 13 个省（市）的支持与配合下，从路线、路基、路面、桥隧、交通安全设施、管理设施、服务设施、路域环境等方面进行了全面的改造，并且取得了良好的改造效果，社会反响极好，有力地提升了公路行业形象。

在沿线 13 个省（市）的帮助下，交通运输部公路科学研究院、公路养护技术国家工程研究中心、中公高科养护科技股份有限公司等单位搜集整理了 G108 和 G205 国道改造示范工程的相关图像资料，编制了《G108 和 G205 国道改造示范工程图册》，以充分展示改造的效果。

**作者**

**2016 年 5 月**

# 目录
# CONTENTS

# 1 改造背景
## BACKGROUND

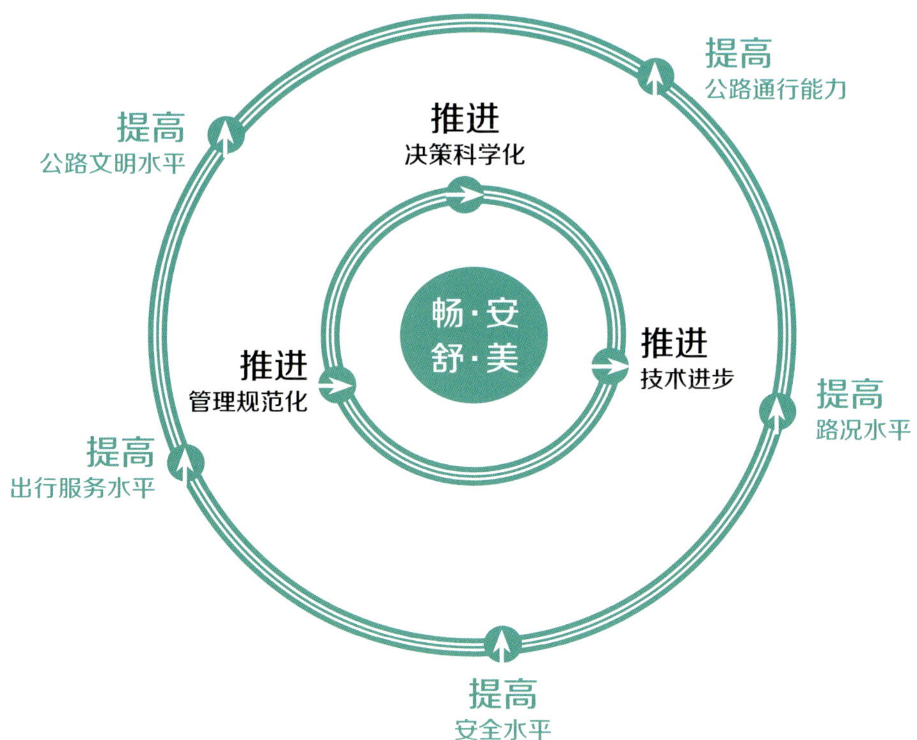


“十二五”期间，交通运输部计划对全国干线公路网实施大规模改造，并对“五射六纵四横”15条国道进行重点改造。为做好此项工作，先在G108和G205国道开展干线公路改造部省联合示范工程试点，通过示范试点工程的实施，总结管理经验和技术成果，指导干线公路改造示范工程建设和全国干线公路网改造工作。

干线公路改造的总体要求是“一个中心，三个推进、五个提高”。即以构建“畅、安、舒、美”的公路交通环境为中心，推进决策科学化、技术进步和管理规范化，提高公路通行能力、路况水平、安全水平、出行服务水平和公路文明水平。

# 示范工程概况

GENERAL

## 2.1 G108 国道

G108 国道起于北京市门头沟区，经河北省、山西省、陕西省、四川省，至云南省昆明市，改造前路线全长 3 178km（不含市政管养路段 90 km），其中，沥青路面 2 276 km，水泥路面 827 km，砂石路面 75 km；改造后路线全长 3 096.3 km（不含市政管养路段 157.8 km），其中沥青路面 2 615.5 km，水泥路面 480.8 km。

G108 国道路线图

G108 国道起点

| 1 | 2 |
| --- | --- |
| | 3 |

1. G108 国道北京段

2. G108 国道山西段

3. G108 国道河北段

1. G108 国道陕西段

2. G108 国道四川段

3. G108 国道云南段

## 2.2 G205 国道

G205 国道起于河北省秦皇岛市山海关区，经天津市、山东省、江苏省、安徽省、浙江省、福建省，至广东省深圳市，改造前路线全长 2 903km（不含市政管养路段 19 km），其中，沥青路面 1 776 km，水泥路面 1 128 km；改造后路线全长 2 786.3 km（不含市政管养路段 129.3 km），其中沥青路面 1 931.3 km，水泥路面 855 km。

G205 国道路线图

G205 国道起点

1. G205 国道河北段

2. G205 国道天津段

3. G205 国道山东段

4. G205 国道江苏段

| | 1 | 2 |
|---|---|---|
| 3 | 4 | |

1. G205 国道安徽段

2. G205 国道广东段

3. G205 国道浙江段

4. G205 国道福建段

# 3 路线 ROUTE

## 3.1 G108国道

根据交通量调查数据，合理预测交通需求，对约657km的路段进行了升级改造，并且消除了砂石路面和1处渡口。改造后全线公路技术等级基本达到三级及以上标准。

除升级改造外，还通过设置路侧停车港湾、改造重点路段、加强交通管理、完善交通安全设施等综合措施提升了公路的通行能力。

**G108国道改造前后技术等级对比**（单位：km）

| 省（市） | 一级公路 | | 二级公路 | | 三级公路 | | 四级公路 | |
|---|---|---|---|---|---|---|---|---|
| | 改造前 | 改造后 | 改造前 | 改造后 | 改造前 | 改造后 | 改造前 | 改造后 |
| 北京 | 6.5 | 9.5 | 114.4 | 105.4 | — | — | — | — |
| 河北 | — | — | 37 | 150.5 | 114 | — | — | — |
| 山西 | 366.3 | 383.1 | 294.9 | 338.4 | 60.2 | — | — | — |
| 陕西 | 37 | 308.2 | 460 | 169.3 | 221 | 213.6 | 29 | 23.8 |
| 四川 | 188.7 | 204.3 | 737.8 | 875.3 | 156.3 | 28.7 | 97.8 | 29.2 |
| 云南 | — | — | 82 | 82 | — | — | 175 | 175 |
| 合计 | 598.5 | 905.1 | 1 726.1 | 1 720.9 | 551.5 | 242.3 | 301.8 | 228 |

改造前的三级公路

改造后的二级公路

G108 国道河北段对山区的三级公路进行了两侧拓宽，升级为二级公路

1
2

1. G108 国道北京段在路侧设置大量的路侧停车港湾，以提供足够的错车空间

2. G108 国道山西段穿村镇路段通过路宅分离，减少了主路行车的干扰

G108 国道陕西段针对交通流量较大的重点拥堵路段进行了升级改造

改造前

改造后

1 | 2

1. G108 国道四川段鱼鲊渡改桥

2. G108 国道四川段拉鲊至干海子段原路面为砂石路面，此次改造中对原道路进行了升级

## 3.2 G205 国道

G205 国道所穿越 8 个省（市）的 GDP 总量占到全国的 60%，沿线穿越大量的城市、村镇，并且是一条纵贯南北的交通运输大通道。改造前的技术等级较高，一、二级公路的比例达到 90% 以上，但随着经济的快速发展，原有技术等级已不能满足需求，示范工程中对 552km 路段进行了升级改造，一级公路比例大幅提高，全线基本达到二级以上标准。改造后 G205 国道沿线基本消除了拥堵路段，此外还通过增加路侧净宽、封闭道口、加强管理等综合措施提升了通行能力。

**G205 国道改造前后技术等级对比**（单位：km）

| 省（市） | 高速公路 | | 一级公路 | | 二级公路 | | 三级公路 | |
|---|---|---|---|---|---|---|---|---|
| | 改造前 | 改造后 | 改造前 | 改造后 | 改造前 | 改造后 | 改造前 | 改造后 |
| 河北 | — | — | 32 | 67.2 | 244 | 195.2 | — | — |
| 天津 | — | — | 103 | 120.2 | 62 | 40.2 | — | — |
| 山东 | — | — | 371 | 369.8 | 132 | 109.5 | 4 | — |
| 江苏 | — | 30 | 223 | 275.2 | 97 | — | — | — |
| 安徽 | — | — | 85 | 181.3 | 177 | 135.7 | 125 | 59.9 |
| 浙江 | — | — | 26 | 25.2 | 137 | 137.6 | — | — |
| 福建 | — | — | — | — | 635 | 585 | — | — |
| 广东 | — | — | 128 | 185.9 | 284 | 268.4 | 38 | — |
| 合计 | | 30 | 968 | 1 224.8 | 1 768 | 1 471.6 | 167 | 59.9 |

1 | 2

1. 江苏省境内 G205 国道全部达到一级公路技术标准，通过设置辅道、归并路侧开口等方式，减少路侧干扰，显著提升了一级公路的运行速度

2. G205 国道广东段突破道路横断面的划分方式，在长大纵坡路段设置了爬坡车道

1 | 2

1. G205 国道安徽段通过硬化路肩、改造边沟等方式，增加了路侧净宽

2. G205 国道浙江段在隧道口设置紧急停车带，提升了隧道的安全通行能力

# 4 路基 SUBGRADE

## 4.1 G108 国道

G108 国道穿越山区路段较多，高边坡的安全防护是改造工作中的一个重点。通过加强监测，对高边坡的安全性进行评估，逐步改造危险路段，全线共进行灾害防治约 418km。在对高边坡防护时注重采用工程措施与植物措施相结合，使防护工程与自然环境相协调。

对全线的排水系统进行整治，完善涵洞、边沟等设施，并对传统的宽深矩形边沟进行改造。因地制宜，改造为浅碟式、暗排式或组合式等多种形式，在保障排水畅通的同时，确保行车安全。全线累计改造宽深边沟 498 km。

G108 国道北京段边坡防护

G108 国道北京段支挡结构

G108 国道河北段采用植物生态袋对边坡复绿

G108 国道四川段对地质灾害路段进行治理

1 | 2

1. 宽深边沟引起的车辆侧翻事故

2. G108 国道北京段浅碟式边沟

1. G108 国道北京段盖板式边沟

2. G108 国道陕西段宽深边沟路段的防侧滑挡块

3. G108 国道四川段单侧柔化 U 形边沟

1
2

1. G108 国道排水设施（涵洞）改造效果

2. G108 国道排水设施（蒸发池）改造效果

## 4.2 G205 国道

G205 国道沿线地形北部以平原为主，南部以山区为主。平原区以保障路基排水顺畅为主要目标，完善排水设施，并对路肩进行硬化或绿化，山区则是重点加强对高边坡的防护。同时，为兼顾“排水、安全、生态”三大功能，对沿线的边沟进行了改造，将约 567km 的宽深边沟改造为浅碟式、暗排式或组合式边沟。

G205 国道山东段路肩硬化及绿化

1. G205 国道山东段路堤边坡绿化及排水

2. G205 国道浙江段路堑边坡的框格防护

3. G205 国道浙江段边坡监测位移直读仪

# 持续有效并突破10m水位降深的边坡虹吸排水示范工程

降雨入渗是诱发滑坡的主要因素。降雨引起坡体地下水位上升是一个累积过程，及时排出坡体地下水就能防止多数滑坡灾害发生。边坡虹吸排水具有显著优点：（1）排出坡体深部地下水无需动力；（2）排水过程由水位变化自然实现；（3）实时排水控制坡体地下水位上升。

## 1．虹吸排水原理

国际上开展边坡虹吸排水研究始于20世纪80年代末，但两大障碍问题一直没有克服：（1）无法保障虹吸过程持续有效；（2）无法排出水位埋深超过10m的地下水。虽经30余年的探索，虹吸排水方法在边坡工程领域未能得到真正的应用，边坡虹吸排水的研究也处于停滞状态。

本示范工程解决了边坡虹吸排水的关键技术问题：（1）采用4~5mm直径虹吸管，使管内形成弹状流而不会出现空气积累，保障虹吸过程持续有效；（2）利用钻孔斜度控制，把虹吸排水管的进水口深入到边坡内部，突破虹吸排水进水口距地表的垂直高差不能超过10m的物理限制（图1）。

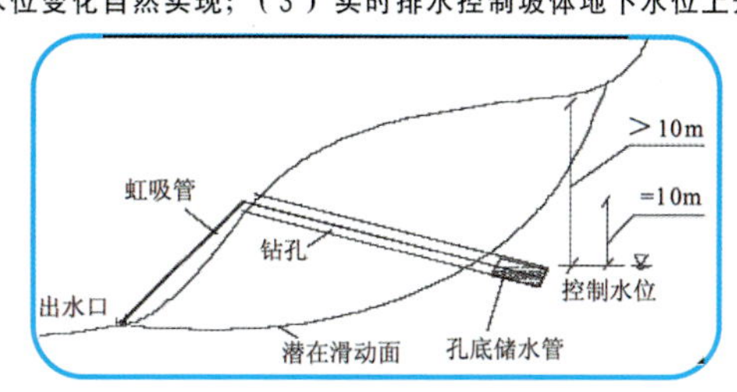


图1 虹吸排水结构概图

图2 边坡外貌特征及虹吸排水孔布置线

## 2．示范工程概况

本边坡为一处古滑坡，2005年因坡脚小规模开挖引起局部复活，经治理后于2006年再次出现滑坡迹象。该古滑坡堆积体平面投影面积4 277m²，最大堆积厚度超过50m。示范工程设置1排50个虹吸排水孔（图2）。其中：12个钻孔的倾角25°、间距5m、孔深32m；38个钻孔的倾角46°、间距2.5m、孔深16m。孔底设储水管（图1），排水管采用PU管。排水管在钻孔内的部分外套直径5cm的透水管，钻孔外PU管外套PVC管并埋入土中防止老化。

配合虹吸排水效果检验要求，在边坡上布置了1条地下水位监测剖面、布置了1套降雨量自动监测仪、设置了由三角堰和水位自动记录仪组成的实时流量监测系统、安装了水表记录累计排水量。

## 3．示范工程展示的关键技术

（1）首创的斜孔虹吸排水技术系统；
（2）虹吸过程持续有效的技术保障方法；
（3）虹吸排水控制坡体地下水位的效果。

为了你和他人的安全，请不要在公路上

1 | 2 | 3

1. G205 国道福建段路堑边坡的抗滑桩防护与自然环境相协调

2. G205 国道福建段石质边坡的 SNS 柔性防护

3. G205 国道山东段矩形浅边沟

1. G205 国道安徽段盖板边沟

2. G205 国道江苏段路侧排水及防护

3. G205 国道福建段生态边沟

# 路面
SURFACE

## 5.1 G108 国道

沿线各省（市）在示范工程创建过程中立足需求，科学确定改造方案，建立了包含路况检测与评定、养护标准设定与需求分析、养护方案比选、规划与计划编制 4 个关键环节的养护决策制度。科学安排大中修及预防性养护工程，共实施大中修工程约 1 024km，实施预防性养护工程约 195 km，改造后全线路面使用性能指数（PQI）由 82 提高到 90.9，优良路率由 67.4% 提高到 92.9%。

1. G108 国道北京段路面小修保养效果

2. 利用路况快速检测装备对路面技术状况进行准确评价

1 | 2 / 3

1. G108 国道山西段纤维封层技术应用

2. G108 国道四川段稀浆封层技术应用

3. G108 国道北京段微表处实施效果

1 | 2 / 3

1. G108 国道北京段旧路面材料回收

2. G108 国道山西段采用厂拌冷再生技术回收利用旧路面材料

3. G108 国道北京段尝试的防冰冻路面效果

## 5.2 G205 国道

创建过程中，沿线各省（市）基于全路段的路况检测指标，以全寿命周期成本为依据，科学确定了养护大中修实施路段以及路面结构方案，并大力推广应用“四新”技术，包括橡胶沥青、水泥路面碎石化、纤维封层、微表处、超薄磨耗层等，提高了公路养护决策的科学化水平和养护资金的使用效率。

G205 国道实施大中修工程约 921km，实施预防性养护工程约 1 111km，改造后全线路面使用性能指数（PQI）由 89 提高到 94.7，优良路率由 88.8% 提高到 99.3%。

G205 国道山东段微表处施工及实施效果

G205 国道江苏段含砂雾封层施工及实施效果

G205 国道福建段水泥路面裂缝处治新材料及日常养护效果

1 | 2 | 3
4

1. G205 国道河北段沥青路面微波热再生修补

2. G205 国道浙江段水泥路面碎石化改造

3. G205 国道浙江段路面改造效果

4. G205 国道山东段沥青大碎石柔性基层

# 6 桥隧
# BRIDGE AND TUNNEL

## 6.1 G108 国道

加强对桥梁、隧道的改造力度，G108 国道全线共加固改造桥梁 150 座、整治 20 座，改造后全线无四、五类桥梁和 A 类隧道，一、二类桥梁的比例达到 95% 以上。

沿线各省（市）以交通运输部印发的《关于进一步加强公路桥梁养护管理的若干意见》（交公路发〔2013〕321 号）为抓手，积极落实“安全运行十项管理制度”，加强对桥梁的养护管理。

G108 国道桥梁桩基加固

G108 国道桥梁

G108 国道隧道

G108 国道隧道内的照明、通风设施

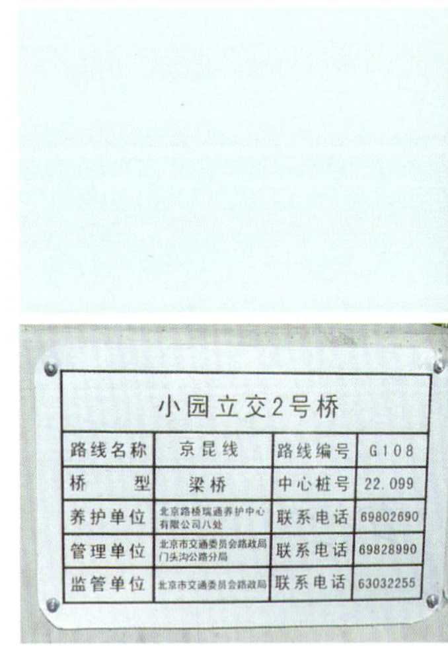

G108 国道的桥梁信息明示牌

G108 国道的桥梁限载标志

G108 国道云南段大普吉隧道改造

## 6.2 G205国道

G205国道上桥梁众多，尤其是江苏、浙江、福建等省水网密布，公路桥隧比重位居全国前列。按照“预防为主、防治结合”的方针，加强对桥隧的日常巡查、经常检查和定期检查等工作，并结合示范工程契机，全面推进危桥病隧改造工作，全线共加固改造桥梁112座、隧道5座，改造后全线无四、五类桥梁和A类隧道。且在改造过程中推广应用了一批桥隧维修加固新技术，确保了维修改造效果。

G205国道桥梁检测与加固

1 | 2

1. G205 国道河北段箱梁智能张拉压浆技术

2. G205 国道浙江段桥梁墩柱玻纤套筒加固

G205 国道的桥梁信息明示牌

G205 国道的桥梁限载标志

1 | 2

1. G205 国道山东段水源保护区的桥梁废水收集系统

2. G205 国道山东段滨州黄河大桥

G205 国道桥梁

1 | 2

1. G205 国道隧道维修

2. G205 国道隧道入口及洞内照明设施

# 7 交通安全设施
SAFETY APPURTENANCE

## 7.1 G108 国道

G108 国道穿越燕山、太行山、秦岭、泥巴山等众多山脉，沿线窄路、陡坡、急弯较多，而且穿越大量的村镇。改造示范工程本着“以人为本、安全至上”的原则，坚持宽容理念，全面完善交通安全设施，增设护栏 234.2 万延米、改造标志 8 182 套、施画标线 79.3 万 $m^2$、改造等级公路平面交叉 175 处、生产道口 4 718 处，为群众安全出行提供了有力保障。

### 7.1.1 安全设施

（1）护栏

G108 国道北京段山区公路防护

G108 国道陕西段弯道防护

G108 国道四川段临水临崖路段防护

1 | 2

1. G108 国道北京段新型防撞滚珠护栏

2. G108 国道河北段仿木式混凝土护栏

1 | 2

1. G108 国道陕西段具有较强通透性的山区护栏

2. G108 国道北京段利用片石修饰的混凝土护栏

1 | 2
  | 3

1. G108 国道四川段缆索式护栏

2. G108 国道的路侧警示设施（警示墩）

3. G108 国道的路侧警示设施（警示桩）

G108 国道的桥头护栏提示

## （2）标志

G108 国道的指路标志

G108 国道的服务设施提示标志

## （3）标线

| 1 | 2 |
|---|---|
| | 3 |
| | 4 |

1. G108 国道北京段具有提醒减速功能的路面立体标线

2. G108 国道北京段纵向减速标线

3. G108 国道河北段弯道处的耐磨、防滑彩色路面

4. G108 国道陕西段弯道处的彩色标线

## （4）其他设施

1. G108 国道的避险车道

2. G108 国道的线形诱导标

3. G108 国道山西段兼具轮廓标与百米桩功用的新型轮廓标

4. G108 国道的长短链里程牌

## 7.1.2 平面交叉改造

### （1）等级公路交叉

1 | 2

1. G108 国道的平面交叉标线渠化

2. G108 国道四川段的平面交叉实体岛渠化

## （2）生产生活道路接入口

G108 国道北京段的接入道口减速提示和减速设施

1 | 2

1. G108 国道河北段接入道口硬化及振荡标线

2. G108 国道山西段道口警示桩

## 7.2 G205 国道

改造示范工程坚持人性化设计理念，对危险路段进行排查，对沿线设施进行完善，共增设护栏 67.3 万延米、改造标志 23 482 套、施画标线 292.3 万 $m^2$、改造等级公路平面交叉 521 处、生产生活道路接入口 6 642 处。

### 7.2.1 安全设施

（1）护栏

1. G205 国道的临水临崖路段护栏防护

2. G205 国道弯道处护栏防护

3. G205 国道直线段路侧防护

G205 国道中央分隔带防护

1. G205 国道安徽段城垛式护栏

2. G205 国道浙江段旋转护栏

3. G205 国道桥头护栏与路基护栏的过渡

## （2）指路标志

1. G205 国道地点距离预告标志
2. G205 国道交叉口预告标志

G205 国道交叉口告知标志

G205 国道指路标志

## （3）公路标线

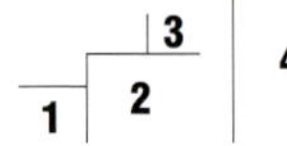


1. G205 国道整齐、醒目的公路标线

2. G205 国道美观、平顺的公路标线

3. G205 国道洁净、耐久的公路标线

4. G205 国道福建段水泥路面彩色标线

## （4）其他设施

1 | 2 / 3

1. G205 国道轮廓标

2. G205 国道路侧示警桩

3. G205 国道长短链里程牌

1
2

1. G205 国道避险车道

2. G205 国道防眩板

## 7.2.2 平面交叉改造

### （1）等级公路交叉

G205 国道等级公路交叉的标线渠化

G205 国道等级公路交叉的实体岛渠化

## （2）生产生活道路接入口

| 1 | 2 |
|---|---|
| | 3 |

1. G205 国道道口桩
2. G205 国道道口减速设施和提示标志
3. G205 国道道口硬化处理

# 管理设施
## MANAGEMENT YARD

### 8.1 G108 国道

公路沿线管理设施包括基层管养单位（大道班、养护中心、养护工区、公路站等）、物资储备站、收费站和治超站等，应遵循布局合理、设施适用、环境整洁、方便生活的原则进行设置，并向社会公众提供力所能及的服务，全线共有 104 处管理设施向社会开放，提供服务。

G108 国道北京段养护管理设施物资储备

| 1 | 2 |
|---|---|
| 3 | |

1. G108 国道陕西段道班（外部）建设

2. G108 国道陕西段道班（内部）建设

3. G108 国道山西段道班内设置的便民服务柜

## 8.2 G205 国道

以打造日常养护、路政巡查、应急抢险、公众服务“四位一体”的公路站为目标，加强基层养管单位规范化建设，推进养护机械配置升级，并积极向公众提供力所能及的服务，全线有 78 处道班向社会开放提供服务。

G205 国道山东段“四位一体”公路站建设

G205 国道福建段道班规范化建设

G205 国道福建段道班内部建设

G205 国道浙江段利用道班设置的休息室

G205 国道河北段为公众提供服务的开放式道班

# 服务设施
# SERVICE FACILITY

## 9.1 G108 国道

示范工程根据“尽力而为、量力而行”的原则，充分利用路侧空地、社会资源等设置休息区、卫生间等各类基础服务设施，全线共设置综合服务区、停车休息区及临时停车港湾 140 处。增加路网监测设备、气象观测设备、可变信息板等共 184 套，为公众出行提供了全面的服务信息。

G108 国道北京段充分利用路侧空地设置停车港湾

## 9.1.1 路侧服务设施

1 | 2
3

1. G108 国道北京段路侧停车区

2. G108 国道河北段路侧卫生间

3. G108 国道山西段路侧停车区

1 | 2

1. G108 国道陕西段路侧服务区

2. G108 国道四川段路侧停车区

## 9.1.2 信息服务设施

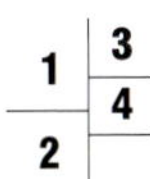

1. G108 国道北京段公路视频采集系统

2. G108 国道北京段可变信息板

3. G108 国道河北段涞水县设置的公路信息网络中心

4. G108 国道陕西段道班内部的信息查询系统

## 9.2 G205国道

提升改造公路基础服务设施，提高服务意识是提升公路服务能力的根本保证。示范工程按照布局合理、功能齐全、环境整洁、方便出行、快速准确的原则设置服务设施和提供公众服务。全线共设置165处综合服务区及停车休息区，为公众服务提供基础设施；增加252套路网监测设备，并通过媒体网络、交通广播等方式向社会发布出行信息。

### 9.2.1 路侧服务设施

G205国道浙江段路侧停车区

G205 国道福建段路侧休息区

G205 国道福建段路侧观光点

1 | 2

1. G205 国道安徽段路侧休息区

2. G205 国道安徽段路侧停车区

G205 国道天津段路侧服务站

## 9.2.2 信息服务

G205 国道天津段公路信息中心

G205 国道可变信息板

# 10 路域环境
HIGHWAY ENVIRONMENT

## 10.1 G108 国道

为了给公众出行提供安全、舒适的公路交通环境，一是按照公路用地及公路建筑控制区内“八个无”的要求进行路域环境综合整治，共治理穿村镇路段293km、清理非法公路标志8 612块、拆除违法建筑803处、清理堆积物49万$m^2$；二是按照“四季常绿、三季有花”的目标，采用了人工造景与自然景观结合的方法，绿化美化了路域环境，共种植绿化植物943万株；三是加强文化宣传，弘扬公路养护管理理念，普及公路知识，展示地域历史和文化，提升公路文明水平。

### 10.1.1 穿村镇路段治理

改造前

改造后

G108 国道北京段穿村镇路段治理

G108 国道河北段穿村镇路段治理

G108 国道山西段穿村镇路段

## 10.1.2 公路绿化美化

G108 国道北京段

G108 国道河北段

1 | 2

1. G108 国道山西段

2. G108 国道陕西段

G108 国道四川段

## 10.1.3 公路文化建设

G108 国道利用路侧服务设施宣传公路文化

G108 国道的公路基础知识宣传

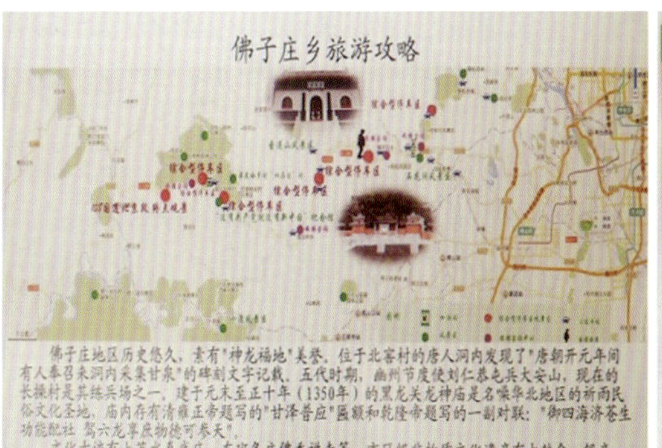



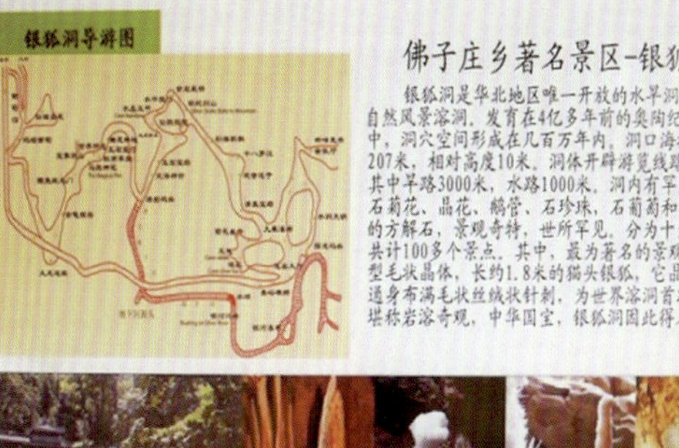



G108 国道的地域文化宣传

G108 国道河北段的公路吉祥物

1 | 2

1. G108 国道地域文化宣传

2. G108 国道云南段民族文化宣传

## 10.2 G205 国道

由于沿线省（市）经济发展水平较高，G205 国道存在大量的穿村镇及城市路段，在各地方政府的支持下，通过各种综合整治，共治理穿村镇路段 311km、清理非法公路标志 11 051 块、拆除违法建筑 741 处、清理堆积物 61 万 $m^3$；沿线各省份充分利用自然气候优势，按照“亲近自然、展示自然、顺其自然”的原则，加强公路绿化美化，共种植绿化植物 1 561 万株；结合示范改造，利用各类公路设施，如边坡、挡墙、百米桩、里程碑、公路场站建筑等广泛开展公路文化建设，大力宣传了公路行业文化和地域文化。

### 10.2.1 穿村镇和城区路段治理

G205 国道穿村镇路段改造前后对比

1
2

1. G205 国道穿村镇路段

2. G205 国道穿城区路段

## 10.2.2 绿化美化

G205 国道浙江段

G205 国道浙江段

G205 国道浙江段

G205 国道山东段

1 | 2

1. G205 国道江苏段

2. G205 国道安徽段

G205 国道福建段

### 10.2.3 公路文化建设

1 | 2

1. G205 国道山东段图文并茂宣传《中华人民共和国公路法》

2. G205 国道浙江段“畅、安、舒、美”文化宣传

G205 国道福建段公路文化展示馆

G205 国道行业文化展示

G205 国道终点标志

G205 国道地域文化展示

G205 国道安徽段展示地方历史文化的里程碑和百米桩

G205 国道浙江段三省交界处